Serie Literatura

Pedro y el Capitán

Mario Benedetti

Pedro y el Capitán

(Pieza en cuatro partes)

 EDITORIAL NUEVA IMAGEN

Primera edición, 1979
Segunda edición, 1980
Tercera edición, 1981
Cuarta edición, 1981

Portada: *Alberto Diez*

© Editorial Nueva Imagen, S. A.
Escollo 316, México 20, D. F.

Impreso en México

ISBN 968-429-105-1

Indice

Primera parte

Escenario despejado: una silla, una mesa, un sillón de hamaca o de balance. Sobre la mesa hay un teléfono. En una de las paredes, un lavabo, con jabón, vaso, toalla, etcétera. Ventana alta, con rejas. No debe dar, sin embargo, la impresión de una celda, sino de una sala de interrogatorios.

Entra PEDRO, amarrado y con capucha, empujado por presuntos guardianes o soldados, que no llegan a verse. Es evidente que lo han golpeado; que viene de una primera sesión —leve— de apremios físicos. PEDRO queda inmóvil, de pie, allí donde lo dejan, como esperando algo, quizá más castigos. Al cabo de unos minutos, entra el CAPITÁN, uniformado, la cabeza descubierta, bien peinado, impecable, con aire de suficiencia. Se acerca a PEDRO y lo toma de un brazo, sin violencia. Ante ese contacto, PEDRO hace un movimiento instintivo de defensa.

CAPITÁN

No tengas miedo. Es sólo para mostrarte dónde está la silla.

Lo guía hasta la silla y hace que se siente.

PEDRO está rígido, desconfiado.

El CAPITÁN va hacia la mesa, revisa unos papeles, luego se sienta en el sillón.

CAPITÁN

Te golpearon un poco, parece. Y no hablaste, claro.

PEDRO guarda silencio.

CAPITÁN

Siempre pasa eso en la primera sesión. Incluso es bueno que la gente no hable de entrada. Yo tampoco hablaría en la primera. Después de todo no es tan difícil aguantar unas trompadas y ayuda a que uno se sienta bien. ¿Verdad que te sentís bien por no haber hablado?

Silencio de PEDRO.

CAPITÁN

Luego la cosa cambia, porque los castigos van siendo progresivamente más duros. Y al final todos hablan. Para serte franco, el único silencio que yo justifico es el de la primera sesión. Después, es masoquismo. La cuenta que tenés que sacar es si vas a hablar cuando te rompan los dientes o cuando te arranquen las uñas o cuando vomites sangre o cuando... ¿A qué seguir? Bien sabés el repertorio, ya que constantemente ustedes lo publican con pelos y señales. Todos hablan, muchacho. Pero unos terminan más enteros que otros. Me refiero al físico, por supuesto. Todo depende de en qué etapa decidan abrir la boca. ¿Vos ya lo decidiste?

Silencio de PEDRO.

CAPITÁN

Mirá, Pedro... ¿o preferís que te llame Rómulo, como te conocen en la clande? No, te voy a llamar Pedro, porque aquí estamos en la hora de la verdad, y mi estilo sobre todo es la franqueza. Mirá, Pedro, yo entiendo tu situación. No es fácil para vos. Llevabas una vida relativamente normal. Digo normal, considerando lo que son estos tiempos. Una mujercita linda y joven. Un botija sanito. Tus viejos, que todavía se conservan animosos. Buen empleo en el Banco. La casita que levantaste con tu esfuerzo. (Cambiando el tono). A propósito, ¿por qué será que la gente de clase media, como vos y yo, tenemos tan arraigado el ideal de la casita propia? ¿Acaso ustedes pensaron en eso cuando se propusieron crear una sociedad sin propiedad privada? Por lo menos en ese punto, el de la casita propia, nadie los va a apoyar. (Retomando el hilo). O sea que tenías una vida sencilla pero plena. Y de pronto, unos tipos golpean en tu puerta a la madrugada y te

13

arrancan de esa plenitud, y encima de eso te dan tremenda paliza. ¿Cómo no voy a ponerme en tu situación? Sería inhumano si no la entendiera. Y no soy inhumano, te lo aseguro. Ahora bien, te aclaro que aquí mismo hay otros que son casi inhumanos. Todavía no los has conocido, pero tal vez los conozcas. No me refiero a los que anoche te dieron un anticipo. No, hay otros que son tremendos. Te confieso que yo no podría hacer ese trabajo sucio. Para ser verdugo hay que nacer verdugo. Y yo nací otra cosa. Pero alguien lo tiene que hacer. Forma parte de la guerra. También ustedes tendrán, me imagino, trabajos limpios y trabajos sucios. ¿Es así o no es así? Yo seré flojo, puede ser, pero prefiero las faenas limpias. Como ésta de ahora; sentarme aquí a charlar contigo, y no recurrir al golpe, ni al submarino, ni al plantón, sino al razonamiento. Mi especialidad no es la picana, sino el argumento. La picana puede ser manejada por cualquiera, pero para manejar el argumento hay que tener otro nivel. ¿De acuerdo? Por eso también yo gano un poco más que los muchachos eléctricos. (Se da un golpe en la frente, como sorprendido por su hallazgo verbal). ¡Los muchachos eléctricos! ¿Qué te parece? ¿Cómo a nadie se le ocurrió antes llamarlos así? Esta noche en el Casino se lo cuento al coronel: él tiene sentido del humor, le va a gustar. (Calla un momento. Mira a PEDRO, que sigue inmóvil y callado). Si estás cansado de la posición, podés cruzar la pierna. (PEDRO no se mueve). Parece que optaste por la resistencia pasiva. El flaco Gandhi sabía mucho de eso. Pero una cosa eran los hindúes contra los ingleses, y otra muy distinta son ustedes contra nosotros. La resistencia pasiva hoy en día no resulta, no resuelve nada. Es, cómo te diré, anacrónica. Desde que

14

los yanquis —¿viste que digo yanquis, igual que ustedes?— impusieron su estilo tan eficaz de represión, la resistencia pasiva se fue al carajo. Ahora la cosa es a muerte. Por eso yo creo que, aun en esta primera etapa, no te conviene empecinarte. Fijate que ni siquiera me contestás cuando te pregunto algo. Eso no está bien. Porque, como habrás observado, yo no estoy aquí para maltratarte sino sencillamente para hablar contigo. Vamos a ver ¿por qué ese mutismo? ¿Será un silencio despreciativo? Pongamos que sí. Aquí, en esta guerra, todos nos despreciamos un poco. Ustedes a nosotros, nosotros a ustedes. Por algo somos enemigos. Pero también nos apreciamos otro poco. Nosotros no podemos dejar de apreciar en ustedes la pasión con que se entregan a una causa, cómo lo arriesgan todo por ella: desde el confort hasta la familia, desde el trabajo hasta la vida. No entendemos mucho el sentido de ese sacrificio, pero te aseguro que lo apreciamos. En compensación tengo la impresión de que ustedes también aprecian un poco la violencia que nos hacemos a nosotros mismos cuando tenemos que castigarlos, a veces hasta reventarlos, a ustedes que después de todo son nuestros compatriotas, y por añadidura compatriotas jóvenes. ¿Te parece que es poco sacrificio? También nosotros somos seres humanos y quisiéramos estar en casa, tranquilos, fresquitos y descansados, leyendo una buena novela policial o mirando la televisión. Sin embargo, tenemos que quedarnos aquí, cumpliendo horas extras para hacer sufrir a la gente, o, como en mi caso, para hablar con esa misma gente entre sufrimiento y sufrimiento. Mi tempo es el intermezzo, ¿viste? (Cambiando de tono). ¿Te gusta la música, la ópera? Ya sé que no me vas a contestar... por ahora. (Retomando el hilo). Pero lo que quería decirte es que

15

sospecho que ustedes aprecian, no sé si consciente o inconscientemente, la pasión que nosotros, por nuestra parte, también ponemos en nuestro trabajo. ¿Es así? (Por primera vez, el tono de la pregunta empieza a ser conminatorio. PEDRO no responde ni se mueve). Decime un poco... A vos no tengo que explicarte las reglas del juego. Las sabés bien y hasta tengo entendido que reciben cursillos para enfrentar situaciones como esta que vivís ahora. ¿O no sabés que entre nosotros hay interrogadores "malos", casi bestiales, esos que son capaces de deshacer al detenido, y están también los "buenos", los que reciben al preso cuando viene cansado del castigo brutal, y lo van poco a poco ablandando? Lo sabés ¿verdad? Entonces te habrás dado cuenta de que yo soy el "bueno". Así que de algún modo me tenés que aprovechar. Soy el único que te puede conseguir alivio en las palizas, brevedad en los plantones, suspensión de picana, mejora en las comidas, uno que otro cigarrillo... Por lo menos sabés que mientras estás aquí, conmigo, no tenés que mantener todos los músculos y nervios en tensión, ni hacer cálculos sobre cuándo y desde dónde va a venir el próximo golpe. Soy algo así como tu descanso, tu respiro. ¿Estamos? Entonces no creo que sea lo más adecuado que te encierres en ese mutismo absurdo. Hablando la gente se entiende, decía siempre mi viejo, que era rematador, o sea que tenía sus buenas razones para confiar en el uso de la palabra. Te digo esto para que te hagas una composición de lugar y no te excedas en tus derechos, si no querés que yo me exceda en mis deberes. Puedo respetar el derecho que tenés a callarte la boca, aquí, frente a mí, que no pienso tocarte. Pero quiero que sepas que no estoy dispuesto a representar el papel de estúpido, dándote y dándote mi perorata, y

16

vos ahí, callado como un tronco. Tampoco esperes imposibles de parte del "bueno". Sobre todo cuando el "bueno" conoce algunos pormenores de tu trayectoria. Pedro, alias Rómulo. Más aún —y para que no te autotortures además de lo que vayan a torturarte— te diré que no tenés ninguna necesidad de hablar de Tomás ni de Casandra ni de Alfonso. La historia de esos tres la tenemos completita. No nos falta ni un punto ni una coma ni siquiera un paréntesis. ¿Para qué te vamos a romper la crisma pidiéndote datos que ya tenemos y que además hemos verificado? Sería sadismo, y nosotros no somos sádicos, sino pragmáticos. En cambio, sabemos relativamente poco de Gabriel, de Rosario, de Magdalena y de Fermín. En alguno de estos casos, ni siquiera sabemos el nombre real o el domicilio. Fijate qué amplio margen tenés para la ayuda que podés prestarnos. Ahora, eso sí, para completar esas cuatro fichas, y como sabemos a ciencia cierta que vos sos en ese sentido el hombre clave, estamos dispuestos —no yo, en lo personal, digo nosotros como institución— a romperte, no sólo la crisma sino los huevos, los pulmones, el hígado, y hasta la aureola de santito que alguna vez quisiste usar pero te queda grande. Como ves, pongo las cartas sobre la mesa. No podrás acusarme de retorcido ni de ambiguo. Esta es la situación. Y como de alguna · manera me caés simpático, te la digo bien claramente para que sepas a qué atenerte. O sea que te tengo simpatía, pero no lástima ni piedad. Y por supuesto hay aquí, en esta unidad militar —que nunca sabrás cuál es— gente que, por principio y sin necesidad de saber nada de vos, no te tiene simpatía, y es capaz de llevarte hasta el último límite. Y no sólo a vos. Ellos, los de la línea durísima, prefieren a veces traer a la esposa del acusado, y, cómo te diré, "perforarla" en su presencia, y hasta hay quienes son partidarios de la técnica brasileña de hacer sufrir a los niños delante de sus padres, sobre todo de su madre. Te imaginarás que yo no comparto esos extremos, me parecen sencillamente inhumanos, pero si vamos a ser objetivos, tenemos que admitir que tales extremos constituyen una realidad, una posibilidad, y no me sentiría bien si no te lo hubiera advertido y un día te encontraras con que algún orangután, como esos que anoche te dieron sus piñazos de introducción, violara frente a vos a esa linda piba que es tu mujercita. Se llama Aurora ¿no? Seguro que en ese caso te quitarían la capucha. Son orangutanes pero refinados. ¿Cuánto tiempo llevan de casados? ¿Es cierto que el último veintidós de octubre celebraste tus ocho años de matrimonio? ¿Le gustó a Aurora la espiguita de oro que le compraste en la calle Sarandí? ¿Y qué me contás si llegan a traer a Andresito y empiezan a amasijarlo en tu presencia? Esto último, como te decía, aun no ha sido aprobado como recurso, pero los asesores lo tienen a estudio, y claro, siempre habrá alguno que tendrá que ser el pionero. Nunca estaré de acuerdo con esos procedimientos, porque confío plenamente en el poder de persuasión que tiene un ser humano frente a otro ser humano. Más aún, estimo que los muchachos eléctricos usan la picana porque no tienen suficiente confianza en su poder de persuasión. Y además consideran que el preso es un objeto, una cosa a la que hay que exprimir por procedimientos mecánicos, a fin de que largue todo su jugo. Yo en cambio nunca pierdo de vista que el detenido es un ser humano como yo. ¡Equivocado, pero ser humano! Vos, por ejemplo, así como estás, callado o inmóvil, podrías ser simplemente una cosa. Quizá lo que estás tratando es de cosificarte frente a mí, pero por quieto y mudo que permanezcas, yo sé que no sos un objeto, yo sé que sos un ser humano, y sobre todo un ser humano con puntos sensibles. Puntos sensibles que, claro, no poseen las cosas. (Pausa). ¡Ya pensaste en los huevos, claro! Cuando alguien habla de puntos sensibles, es de cajón: las mujeres piensan en las tetas, y los hombres en los huevos. Un matiz que es muy importante no olvidar. Ya lo decía el pobre Mitrione, que se las sabía todas: "Dolor preciso, en el lugar preciso, en la proporción precisa elegida al efecto". Es claro que, desde el punto de vista de tus respetables convicciones, es bravo plantearse a sí mismo la mera posibilidad de hablar, de entregar datos, referencias. No es simpático que a uno lo acusen de traidor. Pero aquí hay un elemento que acaso vos ignorás. Un tratamiento de los que dispensamos sólo a gente que nos cae bien, como vos, muchacho. Te damos la posibilidad de que nos ayudes y sin embargo no quedes mal con tus compañeros. ¿Qué te parece? A lo mejor, crees que es imposible. Te parecerá vanidad de mi parte, pero para nosotros nada es imposible. ¿Querés que te lo explique? El plan tiene cuatro capítulos. Primero. Vos hablás, cuanto antes mejor, así no tenemos necesidad de amasijarte: nos decís todo, todito, acerca de Gabriel, Rosario, Magdalena y Fermín. Fijate que podíamos ponerte una lista con veinte nombres, y sin embargo, de buenos que somos, incluimos sólo cuatro. Cuatro ¿te das cuenta? Una bicoca. Segundo. Llevamos a cabo algunos procedimientos, de acuerdo a los informes que espontáneamente, ¿entendés? espontáneamente, nos proporciones. Es claro que esos procedimientos nos sirven, entre otras cosas, para comprobar si efectivamente estás colaborando, o por el contrario, querés tomarnos el pelo. No te aconsejo la segunda opción. Si en cambio confirmamos la primera, no te vamos a soltar enseguida, claro. Eso por tu bien, para que tus compañeros no sospechen. Dejamos pasar un tiempo prudencial y después te largamos. Lindo ¿no? Tercero. Inventamos un documento en clave, o una lista de teléfonos, o cualquier otra cosa en la que nos pondríamos fácilmente de acuerdo, y hacemos público que la razzia se debió al descubrimiento fortuito de esa nómina o lo que sea, y sobre todo a nuestra capacidad deductiva, así de paso quedamos bien. Como ustedes lo tienen todo compartimentado, cada célula creerá que la lista proviene de otro berretín. Cuarto. Te soltamos por fin, y vos, cuando te juntes con los muchachos, les decís que negaste todo con tanta firmeza que nos convenciste de tu inocencia. ¿Qué te parece? (PEDRO sigue inmóvil). Te advierto que no podés esperar, verosímilmente, una solución mejor que ésta que te estoy proponiendo. Tené en cuenta que no se ha empleado nunca hasta ahora, de modo que las sospechas sobre vos no harán carrera. Más aún, tengo la impresión de que vas a salir favorecido en cuanto a prestigio y autoridad. Y de paso te librás de toda esta porquería. Sos muy joven para destruirte porque sí, para arruinarte. Podrías volver con Aurora y con el pibe. ¿No se te hace agua la boca? Aurora te recibiría como a un héroe, y, claro, al principio tendrías algún remordimiento, pero con una mujercita como la tuya los remordimientos se esfuman en la cama. Eso sí, tenés que responderme. Hasta ahora soporté que no dijeras nada. Pero pocos detenidos tienen el privilegio de recibir una propuesta tan generosa. ¿Por qué me habrás caído tan bien? De manera que tenés que responderme. Para que vos y yo sepamos a qué

20

atenernos. Concretemos, pues; frente a esta propuesta, ¿estás dispuesto a hablar, estás dispuesto a darnos la información que te pedimos? (Se hace un largo silencio. PEDRO sigue inmóvil. El CAPITÁN sube el tono). ¿Estás dispuesto a hablar? (La capucha de PEDRO se mueve negativamente).

Segunda parte

El mismo escenario, desierto.

Pasados unos minutos, PEDRO (siempre amarrado y con capucha) es nuevamente arrojado a escena, como en la escena anterior, pero con más violencia. Ahora está más deteriorado. Es evidente que el castigo sufrido ha sido severo. PEDRO busca a tientas la silla. Por fin la encuentra y a duras penas se sienta. De vez en cuando sale de su boca un ronquido apenas audible. Entra el CAPITÁN: igual aspecto y vestimenta que en la escena anterior. Observa detenidamente a PEDRO, como haciendo inventario de sus nuevas magulladuras y heridas.

CAPITÁN

(Todavía de pie, con las piernas abiertas y los brazos cruzados). ¿Viste? Ya empezó el crescendo. No podrás decir que no te lo advertí. ¡Mirá que son bestias estos subordinados! Y hay que dejarlos hacer. De lo contrario, capaz que nos revientan a nosotros. (Pausa). ¿Te lo creíste? No, lo digo en broma. Pero la verdad es que hay más de un oficial que les tiene miedo. (Pausa). ¿Y qué tal? Te dejé tiempo para que lo pensaras. ¿Lo pensaste? (Silencio e inmovilidad de PEDRO). Te advierto una cosa. No creas que vamos a seguir todo un semestre en esta situación, digamos estancada. Por un lado, no creo que tu físico vaya a aguantar mucho tiempo. No sos lo que se dice un atleta. No me refiero a mis preguntas, claro, sino a los muchachos eléctricos. (Cambiando de tono). A propósito, mi broma le hizo mucha gracia al coronel. No sólo se rió sino que me dijo: "Capitán, tenemos que cuidar que no haya un solo apagón". El chiste no es bueno, pero me reí, qué iba a hacer. (Retomando el hilo). ¿Qué te estaba diciendo? Ah sí, que estábamos estancados. Por mi parte, quiero salir de este estancamiento. Me imagino que vos también. Por eso he decidido introducir un elemento nuevo en la situación. (Pausa). ¿No te pica la curiosidad? ¿Qué será, eh? ¿Un testigo? ¿Alguien que ya te delató? (Nueva pausa, destinada a crear expectativa). No, nada de eso. El nuevo elemento van a ser tus ojos. Quiero que veas y que yo pueda ver cómo ves. (Se acerca a PEDRO y de un tirón le quita la capucha. PEDRO tiene la cara con heridas y huellas de golpes: abre y cierra varias veces los ojos encandilados). Bueno, bueno. (Sonríe). Mucho gusto. Es mejor vernos las caras, ¿no? Nunca me ha gustado dialogar con una arpillera. Hay algunos colegas que no quieren que el detenido los vea. Y alguna razón tienen. El castigo genera rencores, y uno nunca sabe qué puede traernos el futuro. ¿Quién te dice que algún día esta situación se invierta y seas vos quien me interrogue? Si eso llegara a ocurrir, te prometo colaborar un poco más que vos. Pero no va a ocurrir, no te ilusiones. Hemos tomado todas las precauciones para que no ocurra. Por otra parte, a mí no me preocupa que conozcas mi cara. Lo más que podrás achacarme es que estuve preguntando y preguntando, pero eso no genera rencor, creo. ¿O lo genera? (pausa). Así, sin capucha, te es un poco más difícil no hablar ¿verdad?

PEDRO

Sí.

CAPITÁN

¡Caramba! Primer monosílabo. Toda una concesión. ¡Bravo!

PEDRO

(Tiene cierta dificultad al hablar, debido a la hinchazón de la boca). Quiero aclararle que el hecho de que usted no participe directamente en mi tortura, no garantiza que no lo odie, ni siquiera que lo odie menos.

CAPITÁN

(Se sorprende un poco, pero reacciona). Está bien. Me gusta el juego limpio.

27

PEDRO

No. No le gusta. Pero no importa. Quiero decirle, además, que con capucha no abrí la boca porque hay un mínimo de dignidad al que no estoy dispuesto a renunciar, y la capucha es algo indigno.

CAPITÁN

(Después de un silencio). Eso del odio, ¿por qué lo dijiste?

PEDRO

¿Por qué lo dije?

CAPITÁN

Sí. Puedo comprender que lo sientas. En cambio, no puedo comprender que me lo digas así, descaradamente. Aquí soy yo el que está arriba, y vos sos el que está abajo. ¿O te olvidaste?

PEDRO

No, no me olvidé.

CAPITÁN

Y mostrar odio, genera odio.

PEDRO

Claro.

CAPITÁN

Te advierto que no voy a entrar en ese juego. Soy cristiano, pero no acostumbro a poner la otra mejilla.

PEDRO

Por supuesto. El que las pongo soy yo, y mire cómo las tengo. Las mejillas y la espalda y las piernas y las uñas.

CAPITÁN

Y mañana los huevos.

PEDRO

Si usted lo dice.

CAPITÁN

Lo digo, lo ordeno y otros lo cumplen. ¿Qué te parece? (Gesto de PEDRO. El CAPITÁN suelta una risita nerviosa). De todas maneras, te aconsejo que no me provoques, soy de pocas pulgas ¿sabés?

PEDRO

Lo sé. Quizá yo sepa más de usted que usted de mí.

CAPITÁN

(Con ironía) ¡No me digas!

PEDRO

Sí le digo. En su afán de extraerme lo que sé y lo que no sé, usted no advierte que se va mostrando tal cual es.

CAPITÁN

¿Y cómo soy?

PEDRO

Bah...

CAPITÁN

Me parece que te pregunté cómo soy.

PEDRO

Sí, ya sé. Pero es absurdo. Me mete en cana, hace que me revienten, y encima exige que le sirva de analista. ¡Eso no!

CAPITÁN

Después de todo, ya me imagino cómo soy.

PEDRO

Entonces estoy de acuerdo con ese autodiagnóstico.

CAPITÁN

¿Y si me imagino noble y digno?

PEDRO

¿Sabe lo que pasa? Usted no puede venderse a sí mismo un tranvía. (Pausa muy breve). No se puede imaginar noble y digno.

CAPITÁN

(Gritando). ¡Callate!

PEDRO

¿Cómo? ¿No quería que hablara? Y ahora que me decido a hablar...

CAPITÁN

(Más bajo, pero concentrado). Callate, estúpido.

PEDRO

Está bien.

CAPITÁN

(Al cabo de un rato, más calmo, como si recapacitara). Después de todo, a lo mejor no me considero noble y digno. Pero ¿a quién le importan mi nobleza y mi dignidad? ¿Eh? ¿A quién?

PEDRO

Deberían importarle a usted. Lo que es a mí...

CAPITÁN

¿Eso también está en las instrucciones? ¿Establecer una distancia sanitaria con el interrogador?

PEDRO

Es usted quien establece la distancia. ¿Cómo puede haber comunicación, aproximación, diálogo, etcétera, entre un torturado y su torturador?

CAPITÁN

(Con cierta alarma). Yo ni siquiera te he tocado.

PEDRO

Sí, ya sé; es el "bueno". Pero ¿es que aquí hay "buenos" y "malos"? ¿Usted no será como el mastodonte que me hace el submarino, como la bestia que me aplica la pícana? ¿El mismo engranaje, la misma máquina? ¿Acaso usted mismo puede creer que hay diferencia?

CAPITÁN

Te estás pasando de insolente.

PEDRO

Entonces vuelvo a callarme.

CAPITÁN

(Después de un silencio). ¿Y no quisieras preguntarme nada?

PEDRO

(Sorprendido). ¿Preguntar yo?

CAPITÁN

Sí, preguntar vos.

PEDRO

¿De qué se trata? ¿Una nueva técnica post-Mitrione?

CAPITÁN

A lo mejor.

PEDRO

(Recapacitando). Bueno, voy a preguntarle: ¿tiene familia?

CAPITÁN

(A su vez sorprendido). ¿Y a vos qué te importa?

PEDRO

Como importarme, nada. A quien debe importarle, si la tiene, es a usted.

CAPITÁN

¿Me estás amenazando?

PEDRO

¡Eso se llama deformación profesional! Ustedes, cuando se acuerdan de la familia de uno, es siempre para amenazar.

CAPITÁN

Y entonces ¿para qué querés saber?

PEDRO

Porque si tiene padres, mujer e hijos, debe ser jodido para usted cuando vuelve a casa.

CAPITÁN

(Gritando). ¿Qué decís?

PEDRO

Me explico: que para usted debe ser jodido, después de interrogar a un recién torturado, darle un besito a su mujer o a su hijo, si lo tiene.

El CAPITÁN se levanta de un salto, perdida toda compostura, y le da a PEDRO un puñetazo en la boca.

PEDRO

(Trata de mover los labios, y habla con más dificultad que antes). Menos mal que usted es el bueno.

35

CAPITÁN

Todo tiene su límite.

PEDRO

Se va a arruinar, capitán. No olvide que el "bueno" no puede ni debe propinar piñazos a un hombre amarrado. (Pausa). De todas maneras, le comunico que no puede competir con sus colegas de la noche. Ellos lo hacen muchísimo mejor. Y es lógico. Lo que ellos hacen eléctricamente, usted lo hace a tracción a sangre. Así no se puede competir.

CAPITÁN

Dije basta.

PEDRO

¿No lo reñirán cuando se den cuenta de que perdió la calma? Violó las normas, capitán.

CAPITÁN

(Hablando entre dientes). Mirá, mocoso, callate.

PEDRO

No le gustó lo de la familia ¿eh? Primero: quiere decir que la tiene. Segundo: que no es tan insensible.

CAPITÁN

(Más calmo). ¿Vas a hablar entonces?

PEDRO

Estoy hablando ¿no?

CAPITÁN

Sabés a qué me refiero.

PEDRO

Capitán: no saque conclusiones descabelladas.

CAPITÁN

(Desorientado). Pero ¿por qué? ¿por qué? (Gesto de PEDRO). ¿No te das cuenta, cretino, de que te están utilizando? ¿No te das cuenta de que otros ponen las ideas y vos ponés la cara?

PEDRO

Está bien esa frase. ¿De dónde la sacó? (Pausa). Incluso a veces puede ser cierta.

CAPITÁN

¿Y entonces?

PEDRO

Entonces, nada. Lo esencial no es el defecto individual...

CAPITÁN

(Concluyendo la frase) ...sino la voluntad colectiva. Párrafo siete, inciso (a), de la declaración interna que analizaron ustedes en agosto.

PEDRO

Y si conocen la declaración de agosto ¿para qué toda esta farsa?

CAPITÁN

Una cosa es la declaración, y otra sos vos.

PEDRO

O sea que tenemos un soplón.

CAPITÁN

¿Por qué no? ¿Qué esperabas?

PEDRO

¿Y cómo es que no les dijo todo sobre Gabriel, Rosario, Magdalena y Fermín?

CAPITÁN

Porque no lo sabe.

PEDRO

Ah.

CAPITÁN

En cambio, sí sabía de vos y por eso caíste. Y además nos dijo que vos sí sabías sobre los otros cuatro.

PEDRO

Ah.

CAPITÁN

(Después de un largo silencio). Decime un poco, ¿vos sabés lo que te espera?

PEDRO

Me lo imagino.

CAPITÁN

Tal vez sea bastante peor de lo peor que imaginás. Diariamente hacemos progresos.

PEDRO

Lo que imagino siempre es peor.

CAPITÁN

Pero ¿qué sos? ¿un suicida?

PEDRO

Nada de eso. Me gusta bastante vivir.

CAPITÁN

¿Vivir reventado?

PEDRO

No, vivir simplemente.

CAPITÁN

Yo te ofrezco que vivas, simplemente.

PEDRO

No, simplemente no. Usted me ofrece que viva como un muerto. Y antes que eso prefiero morir como un vivo.

CAPITÁN

Bah, frases.

PEDRO

Se la dije a propósito. Pensé que le gustaban. Ustedes, cuando dicen un discurso, hablan siempre en bastardilla.

CAPITÁN

(Después de un silencio). Antes me preguntaste por la familia.

41

Sí, tengo mujer y un casalito. El varón, de siete años; la niña, de cinco. Es cierto que a veces, cuando llego del trabajo, es difícil enfrentarlos. Aquí no torturo, pero oigo demasiados gemidos, gritos desgarradores, bramidos de desesperación. A veces llego con los nervios destrozados. Las manos me tiemblan. Yo no sirvo demasiado para este trabajo, pero estoy entrampado. Y entonces encuentro una sola justificación para lo que hago: lograr que el detenido hable, conseguir que nos dé la información que precisamos. Es claro que siempre prefiero que hable sin que nadie lo toque. Pero ese ejemplar ya no se da, ya no viene. Las veces que conseguimos algo, es siempre mediante la máquina. Es lógico que uno sufra de ver sufrir. Dijiste que no era insensible, y es cierto. Entonces, fijate, la única forma de redimirme frente a los niños, es ser consciente de que por lo menos estoy consiguiendo el objetivo que nos han asignado: obtener información. Aunque a ustedes tengamos que destruirlos. Es de vida o muerte. O los destruimos o nos destruyen. Vida o muerte. Vos metiste el dedo en la llaga cuando mencionaste mi familia. Pero también me hiciste recordar que de cualquier manera tengo que hacerte hablar. Porque sólo así me sentiré bien ante mi mujer y mis hijos. Sólo me sentiré bien si cumplo mi función, si alcanzo mi objetivo. Porque de lo contrario seré efectivamente un cruel, un sádico, un inhumano, porque habré ordenado que te torturen para nada, y eso sí es una porquería que no soporto.

PEDRO

(Lo mira con cierta curiosidad, con un interés casi científico, como quien examina una especie extinguida) ¿Algo más?

CAPITÁN

Sí, una pregunta. Es la misma de antes, pero aspiro a que ahora la entiendas mejor, confío en que te des cuenta de toda la vida que pongo detrás de ella. ¿Vas a hablar?

PEDRO

(Todavía estupefacto ante la perorata del CAPITÁN, pero sin perder nada de su firmeza). No, capitán.

Tercera parte

El mismo escenario.

El CAPITÁN está en el sillón, meciéndose como ensimismado. Ha perdido la compostura y el atildamiento de las escenas anteriores. Está despeinado, se ha desabrochado la camisa y tiene floja la corbata.

Se inclina sobre la mesa y descuelga el tubo del teléfono.

CAPITÁN

¡Tráiganlo! (Cuelga).

Otra vez vuelve a mecerse en el sillón. A veces parece respirar con dificultad. Transcuren varios minutos. Se oyen ruidos cercanos. PEDRO es arrojado en la habitación. Tiene capucha. La ropa está desgarrada y con abundantes manchas de sangre. Queda tendido en el suelo, inmóvil.

El CAPITÁN se le acerca. Sin quitarle la capucha, lo examina, ve sus múltiples heridas y contusiones. Cuando le toma un brazo, se oye un ronco quejido. Entonces lo suelta. Parece desorientado y se aleja de aquel cuerpo.

CAPITÁN

¡Pedro!

El cuerpo no responde, pero trata de moverse.

El CAPITÁN vuelve a acercarse, y esta vez lo sostiene con fuerza y lo lleva hasta la silla. Pero el cuerpo de PEDRO se inclina hacia un costado.

El CAPITÁN lo sostiene y vuelve a acomodarlo.

Cuando comprueba que por fin tiene estabilidad, regresa a su sillón y de nuevo se mece.

Debajo de la capucha empiezan a oirse ciertos sonidos, pero al principio no se distingue si se trata de risa o de llanto. El cuerpo se sacude.

El CAPITÁN suspende su balanceo, y espera, tenso. Pero el ruido sigue, confuso, ambiguo. Entonces se pone de pie, va hacia PEDRO, y de un tirón le quita la capucha. Sólo entonces se hace evidente que PEDRO ríe. Con un rostro totalmente deformado y tumefacto, pero ríe.

CAPITÁN

¿De qué te reís, estúpido?

PEDRO

(Balbucea, como si el CAPITÁN no le hubiera hablado). Y en plena sesión de picana, sobrevino el apagón, ese mismo apagón que previó su maldito coronel. Y pobres, los mastodontes no sabían qué hacer, porque sin corriente no son nada. Y estaba aquella muchacha con la picana en la vagina, y cuando vino el apagón no sé cómo les pudo dar una patada. Y el bestia prendió un fósforo, pero la picana (ríe) no marcha a fósforos. (Ríe a carcajadas). No marcha a fósforos. (A partir de este momento y durante casi toda la escena, PEDRO dará la impresión de alguien que delira, o quizá, de alguien que simula estar delirando. Es importante que se mantenga esta ambigüedad). Quedaba la pileta, claro, con su agüita de mierda y sus soretes boyando, pero es difícil hacerlo a oscuras. La pileta no es eléctrica, claro, pero a veces le dan su corrientita. Y no es confortable hacerlo en mitad de un apagón. A oscuras no puede saberse cuando el tipo no da más. El doctor precisa buena iluminación para diagnosticar la proximidad del paro cardiaco. Así hubo que suspender la sesión.

CAPITÁN

Pedro.

PEDRO

Me llamo Rómulo.

CAPITÁN

No, te llamás Pedro.

PEDRO

A lo sumo Rómulo, alias Pedro.

CAPITÁN

No me confundas. Pedro, alias Rómulo.

PEDRO

Nada.

CAPITÁN

¿Qué?

PEDRO

Nada, no tengo nombre ni alias. Nada.

CAPITÁN

Pedro.

PEDRO

Pedro Nada. Nada es mi apellido paterno. ¿No lo sabía, capitán? Se lo estoy revelando en este preciso instante. ¿No llama al taquígrafo? Es una declaración importante. ¿O tiene puesto el grabador? Pedro Nada. Y mi apellido materno es Más. O sea completito: Pedro Nada Más. (Ríe dificultosamente).

CAPITÁN

(Espera que concluya la risa de PEDRO). ¿Qué te pasa?

PEDRO

Como pasarme, pasarme, nada importante. Estoy en la muerte, y chau. Pero a esta altura la muerte no me importa.

CAPITÁN

Estás vivo. Y podés estar más vivo aún.

PEDRO

Se equivoca, capitán. Estoy muerto. Estamos como quien dice en mi velorio.

51

CAPITÁN

No te hagas el delirante. Conmigo no va ese teatro.

PEDRO

No es teatro, capitán. Estoy muerto. No sabe qué tranquilidad me vino cuando supe que estaba muerto. Por eso ahora no me importa que me apliquen electricidad, o me sumerjan en la mierda, o me tengan de plantón, o me revienten los huevos. No me importa porque estoy muerto y eso da una gran serenidad, y hasta una gran alegría. ¿No ve que estoy contento?

CAPITÁN

Sos el primer muerto que habla como un loro.

PEDRO

Muy bien, capitán, excelente: se dio cuenta de la contradicción. Se está entrenando para la dialéctica ¿eh? Estoy muerto y hablo como un loro. ¡Bravo, capitán! ¿Quién hubiera dicho que iba a llegar a tan brillante conclusión? ¡Bravísimo! Pido que conste en la grabación mi voluntad de aplaudir; no mis aplausos, claro, porque estoy amarrado. (Pausa). Le debo una explicación. Quiero decir que estoy *técnicamente* muerto, pero todavía funciono como cuerpo, es decir hago pichí, me hago caca. No diría que eructo, porque como me matan a hambre, no tengo prácticamente nada para eructar. Ahora bien, digo que estoy *técnicamente* muerto porque no me van a extraer ni un solo numerito de teléfono, ni siquiera el número de mi camisa, y en consecuencia me van a seguir dando y dando. Y este cuerpito frágil ya aguanta poco más, muy poco más. Como usted bien observó, capitán, no soy un atleta. Y como me van a seguir dando y dando, bueno, por eso estoy muerto, *técnicamente* muerto. ¿Entendió, capitán? No sabe qué tranquilidad me vino cuando me di cuenta. Todo cambió. Por ejemplo: a usted le tenía odio, y se lo dije, y en cambio, dado que estoy muerto, ahora le tengo lástima. Siento que por primera vez les saqué una ventaja considerable, casi diría inconmensurable.

CAPITÁN

No estés tan seguro. ¿Cómo sabés hasta dónde aguantarás? Eso sólo se sabe cuando llega el momento. Aguantaste hasta ahora. Pero ya te dije antes que no hemos llegado al máximo: que todos los días descubrimos algo nuevo.

PEDRO

Reconozco que ésa era la preocupación que tenía cuando estaba vivo: hasta dónde podría aguantar. Porque cuando uno está vivo, quiere seguir viviendo, y eso es siempre una tentación peligrosa. En cambio, la tentación se acaba cuando uno sabe que está muerto.

53

CAPITÁN

¿Y el dolor?

PEDRO

Es cierto: el dolor. Qué importante es el dolor cuando uno está vivo. Pero qué poquito significa cuando uno está muerto.

CAPITÁN

Vos no estás muerto, carajo. (Pausa). Pero a lo mejor estás loco.

PEDRO

Le hago una concesión, capitán: loco, pero muerto.

CAPITÁN

O te pasás de vivo.

PEDRO

¡Otra observación sagaz, capitán! Porque nadie se puede pasar de muerto.

54

CAPITÁN

(Impaciente). ¡Pedro!

PEDRO

Pedro Nada Más.

CAPITÁN

¡Me cago en tu nombre completo!

PEDRO

Le comunico que se ha cagado usted en un cadáver, y eso, en cualquier parte del mundo y bajo cualquier régimen, constituye una falta de respeto.

CAPITÁN

(Tratando de llevar el diálogo a un cauce más normal). Tenés que hablar, Pedro. Te soy franco: te he tomado simpatía. No quiero que te revienten.

PEDRO

Ya me reventaron, capitán. Su rapto de bondad llegó tarde.

¡Cuánto lo lamento! Ya no tengo hígado, y es probable que no tenga huevos. Por las dudas, no me he fijado.

CAPITÁN

No quiero que te destruyan.

PEDRO

¿Por qué habla en tercera persona plural?

CAPITÁN

No quiero que te destruyamos.

PEDRO

Así está mejor. ¿No le gustan las ruinas? Digamos Pompeya, Herculano, Machu Pichu, Pedro Nada Más, etcétera.

CAPITÁN

Callate, tarado.

PEDRO

Los que se callan, son los vivos. ¿Se acuerda, capitán, cómo me callaba cuando estaba vivo? Pero los muertos podemos hablar. Con la poquita lengua, la apretada garganta, los cuatro dientes, los labios sangrantes, con ese poco que ustedes nos dejan, los muertos podemos hablar. (Pausa). De su familia, por ejemplo.

CAPITÁN

¿Otra vez? ¿Por qué no hablamos de la tuya?

PEDRO

O de la mía ¿por qué no?

CAPITÁN

De tu mujer.

PEDRO

De mi viuda, dirá. En realidad, Aurora...

CAPITÁN

(Tajante). Alias Beatriz.

PEDRO queda en silencio. La cabeza le cae sobre el pecho.

CAPITÁN

(Sonríe). ¿Cómo? ¿No estabas muerto? Parece que todavía tenés reflejos.

> PEDRO sigue inmóvil, siempre con la cabeza caída hacia adelante.

CAPITÁN

Aurora, alias Beatriz. ¿No te había dicho que todos los días ponemos nuevas cartas sobre la mesa?

> PEDRO va de a poco levantando la cabeza, pero ahora su mirada está como perdida en algún punto lejano. Empieza a hablar en tono muy bajo, casi un susurro, y luego de a poco va subiendo la voz.

PEDRO

Cuando yo era chico, soñaba con el mar. Ahora que tengo doce años, prefiero verlo. Nicolás dice que no es mar. Nicolás...

CAPITÁN

(Acotando). Alias Esteban...

PEDRO

...dice que es río. Pero en los ríos se ve siempre la otra orilla y aquí no. Y además no son salados. Y éste es salado. Así que yo lo llamo mar. Lo llamo mar. Mar. Y cuando lo llamo, hundo los pies en la arena, y la arena se mete entre mis dedos. Me hace cosquillas.

CAPITÁN

(Como contagiado por PEDRO, él también se transfigura. Uno y otro van hablando alternativamente, sin dialogar. En realidad, son dos monólogos cruzados). Yo tenía que darle una rosa. No sé por qué, pero tenía. Ella venía con su madre y su prima. Ella venía y yo la miraba, pero yo tenía que darle una rosa. Y una tarde la robé del jardín de la embajada, y el policía me corrió y dijo botija de mierda y me corrió, pero yo corrí más y me vino asma. Pero cuando llegué al parque, cuando llegué a la fuente, ya se me había pasado el asma, aunque igual me saltaba el corazón, y entonces me acerqué y le di la rosa y ella primero me miró sorprendida, luego pestañeó y enseguida arrojó la rosa al agua de la fuente.

PEDRO

Yo quería ser vagabundo y a los trece me fui de casa. Y caminé toda la mañana y me sentía eufórico, libre, feliz. Y como tenía en el bolsillo un vuelto que era de mamá, al mediodía me compré dos especiales de jamón y queso, y una malta. Y a la tarde, debido al sol tan fuerte, me quedé dormido en un banco de la plaza, y sólo me desperté con la sirena de los bomberos. Pero ellos pasaron de largo y yo caminé y caminé, con perros siguiéndome y sin perros, y entonces me empezaron a doler las rodillas y se encendieron los faroles de la calle, y cuando estaba a punto de llorar me vio mamá desde la vereda de enfrente y gritó mijito y ahí terminó mi carrera de vago.

CAPITÁN

Andrés me seguía a todas partes porque me odiaba, y yo percibía ese odio tan intensamente que no podía menos que odiarlo yo también. Y un día no pude más y me di vuelta, y lo enfrenté, y entonces él también se dio vuelta y salió disparando. Y entonces yo empecé a seguirlo y nos odiábamos intensamente, pero él nunca se dio vuelta ni me enfrentó.

PEDRO

Venía todas las tardes a la biblioteca, y se sentaba a estudiar matemáticas. Yo estudiaba historia, pero en realidad no estudiaba nada porque me pasaba mirándola de reojo y tratando de investigar si ella también me miraba de reojo, pero nunca coincidíamos en las investigaciones, así que pasamos todo un trimestre mirándonos si mirábamos. Hasta que una tarde Aurora...

CAPITÁN

...alias Beatriz...

Aunque el CAPITÁN lo dijo mecánicamente, es como si así se rompiera un sortilegio.

PEDRO

Está bien, usted lo sabe todo, capitán, pero eso no va a impedir que yo esté muerto. Y también sé algo más. Por ejemplo, que ustedes saben que ella no sabe, pero imaginan que yo sé.

CAPITÁN

Igual podemos traerla.

PEDRO

Razón de más para estar muerto. Cuanto antes mejor. Los muertos no somos chantajeables.

CAPITÁN

(Después de una pausa larga). ¿Por qué será que me caés bien a pesar de las sandeces que decís?

PEDRO

¿Será que le gustan las sandeces?

CAPITÁN

No, no es eso. Lo que pasa es que usted... (se interrumpe, sorprendido; da unos pasos en la habitación). ¿Usted? ¿Y ahora por qué, así de repente, dejé de tutearlo? (Por primera vez PEDRO sonríe). No, no se ría. Sentí de pronto que debía tratarlo de usted. Nunca me había pasado eso.

PEDRO

(Siempre sonriendo). No te preocupes. En compensación, yo voy a tutearte.

CAPITÁN

(Asiente con la cabeza). Está bien. Me parece justo.

PEDRO

(Casi gozoso). ¿Arrancamos?

CAPITÁN

Claro.

PEDRO

Empezá vos.

CAPITÁN

No, empiece usted.

PEDRO

¿Ya te dije que estoy muerto? Ah sí, te lo dije cuando aún no te tuteaba. Bien, pero antes de irme de este barrio, quisiera desentrañar algo que para mí es un misterio.

CAPITÁN

Ah. Y yo ¿qué tengo que ver?

PEDRO

Tenés que ver, cómo no. Quiero desentrañar el misterio de cómo un hombre puede, si no es un loco, si no es una bestia, convertirse en un torturador. (Pausa). Fijate que estoy muerto, o sea que no lo voy a contar a nadie. Es para mí nomás.

CAPITÁN

(Hablando lentamente). Yo no soy eso.

PEDRO

¿Ah no?

CAPITÁN

Ya se lo expliqué.

PEDRO

Pero a mí no me importa tu explicación. Vos sabés que lo sos. (Pausa). A ver, contame cómo sucedió eso. ¿Trauma infantil? ¿Convicción profunda? ¿Enajenación pasajera? ¿Preparación en Fort Gulick?

CAPITÁN

(Encogiéndose de hombros). Bueno, soy anticomunista.

PEDRO

Sí, me lo imagino. Pero no alcanza como explicación. En el mundo hay millones de anticomunistas que no son tortura-dores. El Papa, por ejemplo.

CAPITÁN

No todos se realizan. (Ríe, como si lo dicho fuera broma).

PEDRO

De acuerdo, no todos se realizan. Pero vos ¿por qué te rea-lizaste?

CAPITÁN

Es una historia larga y lenta. Ningún trauma infantil. No todo lo malo sucede en la vida debido a traumas de infancia.

Más bien un pequeño cambio tras otro pequeño cambio. Ninguna convicción profunda. Más bien una pequeña tentación tras otra pequeña tentación. Económicas o ideológicas, poco importa. Y todo de a poquito. Es cierto que el último impulso me lo dieron en Fort Gulick. Allí me enseñaron con breves y soportables torturitas que sufrí en carne propia, dónde residen los puntos sensibles del cuerpo humano. Pero antes me enseñaron a torturar perros y gatos. Antes, antes,, siempre hay un antes. Es algo paulatino. No crea que de pronto, como por arte de magia, uno se convierte de buen muchacho en monstruo insensible. Yo no soy un monstruo insensible, no lo soy todavía, pero en cambio ya no me acuerdo de cuándo era buen muchacho. (Pausa). ¿Y por qué le cuento todas estas cosas? ¿Por qué hago de usted mi confidente?

PEDRO

Siempre es tarde cuando la dicha es mala.

CAPITÁN

Las primeras torturas son horribles, casi siempre vomitaba. Pero la madrugada en que uno deja de vomitar, ahí está perdido. Porque cuatro o cinco madrugadas después, empieza a disfrutar. Usted no va a creerme...

PEDRO

Yo te creo todo, no te preocupes.

CAPITÁN

No, usted no va a creerme, pero una noche en que estábamos picaneando a una muchacha, no demasiado linda, picaneándola, ¿se da cuenta?

PEDRO

Claro que me doy cuenta.

CAPITÁN

Y ella gritaba enloquecida y se agitaba y se agitaba... (se detiene).

PEDRO

¿Y qué?

CAPITÁN

No va a creerme, pero de pronto me di cuenta de que yo tenía una erección. Nada menos que una erección, en esas circunstancias. ¿No le parece horrible?

PEDRO

Sí, me parece.

66

CAPITÁN

Y lo peor fue que al día siguiente, al acostarme con mi mujer, no podía... y empecé a ponerme nervioso... y no conseguía...

PEDRO

Pero al final lo lograste, ¿verdad?

CAPITÁN

Sí, ¿cómo lo sabe?

PEDRO

Siempre se logra.

CAPITÁN

Pero yo sólo lo conseguí cuando puse toda mi fuerza evocativa en la muchacha de la víspera, que no era demasiado linda. ¿No es espantoso? Sólo logré funcionar con mi mujer cuando me acordé de la muchacha que se retorcía porque la picaneábamos. ¿Cómo se llama eso? Debe tener una denominación científica.

PEDRO

El nombre es lo de menos.

CAPITÁN

Es por eso que no puedo volver atrás, es por eso que no puedo ceder. Es por eso que tengo que hacer que hable. Ya anduve demasiado trecho por este camino. ¿Comprende ahora? ¿Comprende por qué va a tener que hablar?

PEDRO

Comprendo que vos querés que yo comprenda.

CAPITÁN

Por eso tuve que tratarlo de usted. Porque si lo seguía tuteando, no iba a poder.

PEDRO

¿Querés que te diga una cosa? De ninguna manera vas a poder, capitán. Ni tratándome de usted, ni de tú, ni de vos, ni de su señoría. ¿Ves? Esa es la ventaja que tiene el no. Siempre es no, y nada más que no. ¿Oíste bien, capitán? ¡no! ¿Oyó, capitán? ¡no! ¿Habéis oído, capitán? ¡no!

Cuarta parte

El mismo escenario.

Sobre el piso está PEDRO, o por lo menos el cuerpo de PEDRO, inmóvil, con capucha.

Al cabo de un rato empiezan a oirse quejidos muy débiles.

Entra el CAPITÁN, sin chaqueta y sin corbata, sudoroso, y despeinado.

CAPITÁN

Ah, lo trajeron antes de tiempo. (Toca el cuerpo con un pie). Pedro. (El cuerpo no da señales de vida). Vamos, Pedro, tenemos que trabajar. (Va hacia el lavabo, moja la toalla, la exprime un poco, se acerca al cuerpo tendido, se inclina sobre él, le quita la capucha, y queda evidentemente impresionado ante el calamitoso estado del rostro de PEDRO. Se sobrepone, sin embargo, y empieza a limpiarle las heridas de la cara con la toalla húmeda. Lentamente, PEDRO empieza a moverse). Pedro.

PEDRO

¿Ah? (Abre un ojo, pero parece no reconocer al CAPITÁN).

CAPITÁN

¿Qué pasa? ¿Se siente mejor?

PEDRO

¿Ah?

CAPITÁN

Pedro ¿me reconoce?

PEDRO

(Balbuceando). Desgracia...damente... sí.

El CAPITÁN ayuda a PEDRO a instalarse en la silla, pero el preso no puede sostenerse. Esta vez sí lo han destruido. El CAPITÁN se quita su cinturón y con él sujeta a PEDRO al respaldo de la silla, a fin de que no se derrumbe.

De a poco PEDRO se va reanimando, pero visiblemente está acabado. De todos modos, siempre habrá una contradicción entre la relativa vitalidad que aún muestra su rostro, y el derrengado aspecto de su físico.

PEDRO

¿Así que el capitán?

CAPITÁN

Claro. ¡Cómo le dieron esta vez! ¡Lo reventaron, Pedro, qué barbaridad!

PEDRO

Menos mal... que... ya estaba muerto.

CAPITÁN

¿No le parece que ha llegado el momento de aflojar? Ya se portó como un héroe. ¿Quién va a ser tan inhumano como para reprocharle que ahora hable?

PEDRO

(No contesta. Luego de un silencio). Capitán, capitán.

CAPITÁN

¿Qué?

PEDRO

¿Vos nunca hablás a solas?

CAPITÁN

Puede ser. Alguna vez.

PEDRO

Yo sí hablo a solas.

CAPITÁN

¿Y eso qué?

PEDRO

Hablo a solas porque hace tres meses que estoy incomunicado.

CAPITÁN

¿Cómo? Habla conmigo.

PEDRO

Esto no es hablar.

CAPITÁN

¿Y qué es?

PEDRO

Mierda, eso es. (Pausa). Hablo a solas porque tengo miedo
de olvidarme de cómo se habla.

CAPITÁN

Pero habla conmigo.

PEDRO

No me refiero a hablar con el enemigo. Me refiero a hablar
con un compañero, con un hermano.

CAPITÁN

Ah.

PEDRO

Capitán, capitán.

CAPITÁN

¿Qué pasa ahora?

PEDRO

¿No sentís que a veces flotás en el aire?

CAPITÁN

Francamente, no.

PEDRO

Claro, no estás muerto.

CAPITÁN

Y usted tampoco, aunque esté haciendo notables méritos para estarlo.

PEDRO

Pues yo a veces floto. Y es lindo flotar. Entonces voy hasta la costa.

CAPITÁN

No va nada. Ni a la costa ni a ninguna parte. Está enterrado aquí.

PEDRO

Eso es. Eso es. Enterrado, claro, porque estoy muerto. Pero cuando floto, voy a la costa. Es claro que no voy todos los días. Hay veces que no tengo ganas de ir. Ayer tuve ganas, y fui. Hace años, cuando iba a la costa, no flotando sino caminando, siempre veía parejitas de enamorados, pero ahora ya no están. Ahora están peleando contra ustedes. Ahora están presos, o escondidos, o en el exilio. (Pausa larga). ¿Cómo se llama tu esposa, capitán?

CAPITÁN

(Entre dientes). ¿Qué le importa?

PEDRO

¿Ves? Te di la oportunidad de que me lo dijeras buenamente. Pero yo sé que se llama Inés.

CAPITÁN

(Sorprendido). ¿Y eso de dónde lo sacó?

PEDRO

Ya te dije que yo sé más de vos que vos de mí. Inés. Pero no te preocupes. También sé que no tiene alias. Salvo que vos la llamás Beba. Pero no es un nombre clandestino. Qué suerte ¿verdad? Hoy en día no es bueno tener nombre clandestino.

CAPITÁN

¿A dónde quiere llegar?

PEDRO

A mi muerte, capitán, a mi muerte.

CAPITÁN

¿Qué gana con no hablar? ¿Que lo revienten?

PEDRO

O que me dejen de reventar.

CAPITÁN

No se haga ilusiones. No lo van a dejar.

PEDRO

Si me muero, me dejan. Y me muero.

CAPITÁN

Pero es largo morirse así.

PEDRO

No tanto, si uno ayuda, si uno colabora.

CAPITÁN

(De pronto ilusionado). ¿Está dispuesto a colaborar?

PEDRO

(Pronunciando lentamente). Estoy dispuesto a ayudar a morirme. (Pausa). También estoy dispuesto a ayudar a que Inés te quiera.

CAPITÁN

No se preocupe de eso. Ella me quiere.

PEDRO

Sí, hasta hoy. Porque no sabe exactamente en qué consiste tu trabajo.

CAPITÁN

Quizá se lo imagine.

PEDRO

No. No se lo imagina. Si lo imaginara, ya te habría dejado. Ella no es mala.

CAPITÁN

(Como un autómata). No es mala.

PEDRO

Y también quiero ayudarte a que tus hijos (el casalito) no te odien.

CAPITÁN

Mis hijos no me odian.

PEDRO

Todavía no, claro. Pero ya te odiarán. ¿Acaso no van a la escuela?

CAPITÁN

Sólo el varón.

PEDRO

Pero la niña irá más adelante. Y los compañeritos y compañeritas informarán a uno y a otra sobre quién sos. En la primera gresca que se arme, ya lo sabrán. Es lógico. Y a partir de esa revelación, empezarán a odiarte. Y nunca te perdonarán. Nunca los recuperarás. Nunca sabrás si... (No puede seguir hablando. Se desmaya).

Al comienzo el CAPITÁN no se le acerca. Lo mira sin mirarlo, ensimismado. Luego va hacia el lavabo, llena un vaso con agua, se enfrenta a PEDRO y le arroja el agua a la cara. De a poco PEDRO recupera el sentido.

CAPITÁN

No se haga ilusiones. No se murió todavía. Seguimos aquí, frente a frente.

PEDRO

(Recuperándose). Ah sí, hablando de Inés y el casalito.

CAPITÁN

¡Basta de eso!

PEDRO

(Después de un silencio). Capitán ¿por qué no me matás?

CAPITÁN

¡Usted está loco! ¡Y quiere enloquecerme!

PEDRO

¿Por qué no me matás, capitán? Será en defensa propia, te lo prometo. Además, quise huir. La ley de la fuga ¿te acordás?

Coraje, capitán, tenés la oportunidad de hacer la buena acción de cada día.

CAPITÁN

Qué locuaz está hoy.

PEDRO

Me desquito un poco después de tanta mudez. Además, vos sos el interlocutor ideal.

CAPITÁN

¿Yo?

PEDRO

Sí, porque tenés mala conciencia. Es muy estimulante saber que el enemigo tiene mala conciencia. Porque todo eso que dijiste de que vos no naciste verdugo, todo eso es cuento chino. Vos trabajaste de "malo" y bastante tiempo, en un pasado no tan lejano. Te conocemos, capitán. O sea que tienen que hacer más espesas las capuchas. Siempre hay alguien que ve a alguien. Y yo, por ejemplo, no me limito a conocer el nombre de tu mujer. También sé el tuyo. Y hasta tu alias.

83

CAPITÁN

Está loco. ¡Yo no tengo alias!

PEDRO

Sí que tenés. Sólo que tu alias no es un nombre sino un grado. Tu alias es el grado de capitán. Y vos sos coronel. Sos coronel, capitán. Así que una de dos: o nos tratamos de Rómulo a Capitán, o nos tratamos de Coronel a Pedro. ¿Qué te parece, capitán? ¿Eh, Coronel?

CAPITÁN

(Que acusa el golpe). ¿Sabe una cosa? Usted es más cruel que yo.

PEDRO

¿Por qué? ¿Porque te aplico el mismo tratamiento? No es para tanto. Además, vos tenés todavía el poder, la picana, la pileta con mierda, el plantón. Yo no tengo nada. Salvo mi negativa.

CAPITÁN

¿Le parece poco?

PEDRO

No, no me parece poco. Pero con mi negativa...

CAPITÁN

...fanática...

PEDRO

Eso es, con mi negativa fanática, desaparezco, te dejo el campo libre. Mejor dicho, el camposanto libre.

> El CAPITÁN está como vencido. También PEDRO está terriblemente fatigado. Por fin el CAPITÁN levanta la mirada. Habla como transfigurado.

CAPITÁN

No, Pedro, usted no es cruel. Le pido excusas. Y ya que no es cruel, va a comprender. Usted dice que quiere que yo salve el amor de mi mujer y de mis hijos...

> Sin atender a lo que dice el CAPITÁN, PEDRO comienza a hablar, y lo hace sin mayor conciencia del contorno.

PEDRO

¿De veras nunca hablaste a solas, capitán? Ahora estoy aquí, contigo. Pero igual voy a hablar a solas. De paso aprendés cómo se habla en tales condiciones. Tomá nota, capitán. Este es un ensayo de cómo se habla a solas. (Pausa). Mirá, Aurora...

CAPITÁN

...alias Beatriz...

PEDRO

(Como si no escuchara la acotación del CAPITÁN). Mirá, Aurora, estoy jodido. Y sé que vos, estés donde estés, también estás jodida. Pero yo estoy muerto y vos en cambio estás viva. Aguanto todo, todo, todo menos una cosa: no tener tu mano. Es lo que más extraño: tu mano suave, larga, tus dedos finos y sensibles. Creo que es lo único que todavía me vincula a la vida. Si antes de irme del todo, me concedieran una sola merced, pediría eso: tener tu mano durante tres, cinco, ocho minutos. Lo pasamos bien, Aurora...

CAPITÁN

(Con la garganta apretada) ...alias Beatriz...

PEDRO

...vos y yo. Vos y yo sabemos lo que significa confiar en el otro. Por eso habría querido tener tu mano: porque sería la

86

única forma de decirte que confío en vos, sería la única forma de saber que confiás en mí. Y también de demorarme un rato en confianzas pasadas. ¿Te acordás de aquella noche de marzo, hace cuatro años, en la playita cercana a lo de tus viejos? ¿Te acordás que nos quedamos como dos horas, tendidos en la arena, sin hablar, mirando la vía láctea, como quien mira un techo interior? Recuerdo que de pronto empecé a mover mi mano sobre la arena hacia vos, sin mirarte, y de pronto me encontré con que tu mano venía hacia mí. Y a mitad de camino se encontraron. Fijate que éste es el recuerdo que rememoro más. También tu cuerpo, tu piel, también tu boca. ¿Cómo no recordar todo eso? Pero aquella noche en la playa es la imagen que rememoro más. Aurora...

CAPITÁN

(Sollozando) ...alias Beatriz...

PEDRO

...a Andrés decíselo de a poco. No lo hieras brutalmente con la noticia. Eso marca cualquier infancia. Explicáselo de a poco y desde el principio. Sólo cuando estés segura de que entendió un capítulo, sólo entonces empezale a contar el otro. Tal como hacés cuando le contás cuentos. Paulatinamente, sin herirlo, hacele comprender que esto no fue un estallido emocional, ni una corazonada, ni una bronca repentina, sino una decisión madurada, un proceso. Explicáselo bien, con las palabras tiernas y exactas que constituyen tu mejor estilo. Decile que no tiene por qué aceptarlo todo, pero que tiene la obligación de comprenderlo. Sé que dejarlo ahora sin padre es como una agresión que cometo contra él, o por lo menos así puede llegar a sentirlo, no sé si hoy, pero acaso algún día o en algún insomnio. Confío en tu notable poder de persuasión para que lo convenzas de que con mi muerte no lo agredo sino que, a mi modo, trato de salvarlo. Pude haber salvado mi vida si delataba, y no delaté, pero si delataba entonces sí que iba a destruirlo. Hoy a lo mejor se habría puesto contento de que papi volviera a casa, pero nueve o diez años después se estaría dando la cabeza contra las paredes. Decile, cuando pueda entenderlo, que lo quiero enormemente, y que mi único mensaje es que no traicione. ¿Se lo vas a decir? Pero, eso sí, ensayalo antes varias veces, así no llorás cuando se lo digas. Si llorás, pierde fuerza lo que decís. ¿Estás de acuerdo, verdad? Alguna vez vos y yo hablamos de estas cosas, cuando la victoria parecía verosímil y cercana. Ahora sigue pareciendo verosímil, pero se ha alejado. Yo no la veré y es una lástima. Pero vos y Andrés sí la verán y es una suerte. Ahora dame la mano. Chau, Aurora...

CAPITÁN

(Llorando, histérico). ¡Alias Beatriz!

Se hace un largo silencio.

PEDRO, después del esfuerzo, ha quedado anonadado. Tal vez ha perdido nuevamente el sentido. Su cuerpo se inclina hacia un costado; no cae, sólo porque el cinturón lo sujeta a la silla. El CAPITÁN, por su parte, también está deshecho, pero su deterioro tiene por supuesto otro signo y eso debe notarse. Tiene la cabeza entre las manos y por un rato se le oye gemir. Luego, de a poco se va recomponiendo, y aunque PEDRO está aparentemente inconsciente, comienza a hablarle.

CAPITÁN

Pedro, usted está muerto y yo también. De distintas muertes, claro. La mía es una muerte por trampa, por emboscada. Caí en la emboscada y ya no hay posible retroceso. Estoy entrampado. Si yo le dijera que no puedo abandonar esto, usted me diría que es natural, porque sería abandonar el confort, los dos autos, etcétera. Y no es así. Todo eso lo dejaría sin remordimientos. Si no lo dejo es porque tengo miedo. Pueden hacer conmigo lo mismo que hacen, que hacemos con usted. Y usted seguramente me diría: "Bueno, ya ves, puede aguantarse". Usted sí puede aguantarlo, porque tiene en qué creer, tiene a qué asirse. Yo no. Pero dentro de mi imposibilidad de rescatarme, me queda una solución intermedia. Ya sé que Inés y los chicos pueden un día llegar a odiarme, si se enteran con lujo de detalles de lo que hice y de lo que hago. Pero si todo esto lo hago, además, sin conseguir nada, como ha sido en su caso hasta ahora, no tengo justificación posible. Si usted muere sin nombrar un solo dato, para mí es la derrota total, la vergüenza total. Si en cambio dice algo, habrá también algo que me justifique. Ya mi crueldad no será gratuita, puesto que cumple su objetivo. Es sólo eso lo que le pido, lo que le suplico. Ya no cuatro nombres y apellidos, sino tan sólo uno. Y puede elegir: Gabriel o Rosario o Magdalena o Fermín. Uno solito, el que menos represente para usted; aquel al que usted le tenga menos afecto; incluso el que sea menos importante. No sé si me entiende: aquí no le estoy pidiendo una información para salvar al régimen, sino un dato para salvarme yo, o mejor dicho para salvar un poco de mí. Le estoy pidiendo la mediocre justificación de la eficacia, para no quedar ante Inés y los chicos como un sádico inútil, sino por lo menos como un sabueso eficaz, como un profesional redituable. De lo contrario, lo pierdo todo. (El CAPITÁN da unos pasos hacia PEDRO y cae de rodillas ante él). Pedro, nos queda poco tiempo, muy poco tiempo. A usted y a mí. Pero usted se va y yo me quedo. Pedro, éste es un ruego de un hombre deshecho. Usted no es inhumano. Usted es un hombre sensible. Usted es capaz de querer a la gente, de sufrir por la gente, de morir por la gente. Pedro, se lo ruego: diga un nombre y un apellido, nada más que un nombre y un apellido. A esto se ha reducido toda mi exigencia. Igual el triunfo será suyo.

> PEDRO se mueve un poco. Trata de enderezarse, pero no puede. Hace otro esfuerzo y al fin se yergue.
> El CAPITÁN apela a un recurso desesperado.

CAPITÁN

Se lo pido a Rómulo. Se lo ruego a Rómulo. ¡Me arrodillo ante Rómulo! Rómulo, ¿va a decirme un nombre y un apellido? ¿Va a decirme solamente eso?

PEDRO

(A duras penas). No... capitán.

CAPITÁN

Entonces... se lo pido a Pedro, se lo ruego a Pedro. ¡Me arrodillo ante Pedro! Apelo no al nombre clandestino sino al hombre. De rodillas se lo suplico al verdadero Pedro.

PEDRO

(Abre bien los ojos, casi agonizante). ¡No... coronel!

Las luces iluminan el rostro de PEDRO.
El CAPITÁN, de rodillas, queda en la sombra.

Esta obra se terminó de imprimir en diciembre de 1981,
en los talleres de IMPRESORA PUBLIMEX, S. A.
Calz. San Lorenzo 279-32, Unidad Industrial Ixtapalapa.